LETTRE A UN COMMIS,

PAR LE CHEVALIER DE SAINT-MACAIRE.

LETTRE

à

un Commis,

par le Chevalier de Saint-Macaire.

Flagellés à la fois par la
verge du despotisme et la
marotte de la folie !

ALGER.

—

IMPRIMERIE DE A. BOURGET, RUE SAINTE, ?

—

Septembre 1846.

Alger le 29 septembre 1846.

Mon Cher Maître,

Le conseil que vous avez donné à la confrérie
de se hâter d'envoyer un des nôtres pour visiter
le territoire *concessible*, n'est pas le moindre de
vos services et ce voyage, comme j'espère que
vous le reconnaîtrez par la lecture de cette lettre,
ne sera pas moins utile à votre chambrée qu'à
notre association.

Conformément aux sages instructions de mon
mentor et, muni de nombreuses recommandations
de quelques bons algéristes de Paris, je n'ai pas tar-
dé à faire la connaissance des principaux colons,

qui, sur mon étiquette, me prenant pour un ami de
la colonisation, comme ils disent, et pour un cul-
tivateur déterminé, m'ont reçu avec une cordia-
lité qui embarrasserait un plus ingénu.

Quelques-uns d'entre eux ont voulu m'accom-
pagner dans mes excursions. J'ai visité toutes
leurs fermes. Ils m'ont expliqué tous leurs
embarras, les difficultés que la nature leur
oppose ; celles qui proviennent de la situation so-
ciale et politique du pays ; celles surtout qu'ils
accusent l'administration de leur apporter. Là-
dessus, il y a une unanimité vraiment touchante,
et comme il faut aimer ses amis, ils justifient
pleinement la tendresse que leur portent votre
chambrée et votre maison. J'ai à vous raconter
à ce sujet des détails curieux qui plairont infini-
ment au petit Patron, que depuis l'apparition de
l'ordonnance ils n'appellent plus que le Renégat.
Il est bon d'avoir des moyens de le tenir dans la
bonne voie. Mais n'anticipons pas et divisons le
mieux possible, dans le rapport que je soumets
à mon vénérable maître, ma double mission d'ex-
plorateur politique et industriel.

Occupons-nous d'abord de ce qui est le plus directement intéressant.

Nous nous étions trompés, les confrères et moi ;
c'est beaucoup plus à la qualité des terres, à leur

bonne situation et beaucoup moins à leur étendue qu'il faut s'attacher. La moitié au moins des terres du versant sud du Sahel, de la Mitidja et du versant nord du petit Atlas, n'a de valeur que comme dépendances de quelques grandes fermes, dont les chefs-lieux sont placés sur des points où il y a des cultures et des eaux vives. Là où manquent ces points privilégiés, les terres ne sont que broussailles et savanes. Elles ne peuvent d'ici à longtemps convenir qu'à des Arabes pasteurs. Nous les faire donner à des charges quelconques ce serait se moquer de tous les confrères, et nous placer dans des conditions pires que celles où se sont trouvés vos chers amis, les colons. Il faut réserver ces steppes aux propriétaires évincés qui s'aviseraient de réclamer des terres en vertu du 2ᵉ § de l'art. 18 de l'ordonnance; ce sera, je vous assure, une excellente affaire pour eux.

Ce sont les fermes déjà mises en culture par les européens et les indigènes qu'il faut surtout nous obtenir. Là les terres pourront donner des bénéfices de culture réels ; là ce qui n'est pas cultivé a de la valeur parce que les friches servent au pâturage du bétail de la ferme.

Ce qui convient le plus à ce pays est une culture mixte, moitié pastorale, moitié agricole. L'une aide l'autre. Les colons réputés les plus expérimentés pensent même que ce qu'il y aura de plus profitable sera l'établissement de fermes, où les familles européennes et les familles indigènes rapprochées, mais jamais mêlées, concourront aux travaux. J'ai vu quelques établissements ainsi organisés qui vont très bien, notamment celui de M. Borély de la Sapie. Plusieurs colons prétendent que ce principe devrait servir de base au système politique de la colonisation.

Ils disent qu'ainsi on économisera la main-d'œuvre et surtout les frais d'établissement; qu'on utilisera les facultés de chacun, laissant aux Arabes le soin des troupeaux et une partie du labourage, et réservant aux européens le fauchage, la conduite des charriots, les plantations, le jardinage, etc.

Avec ce système, ajoutent-ils, les indigènes se trouveront successivement comme absorbés dans la colonisation européenne; l'influence du propriétaire qui donne le pain, le travail, le bien-être succédera à celle du marabout, et bientôt les Arabes s'habitueront à l'action directe des autorités françaises qui remplacera celle des cheirks et des caïds. Ainsi par l'effet des transactions entre particuliers, par la loi de l'intérêt bien entendu, par la prééminence de l'instruction et la puissance des capitaux, la colonisation s'étendrait dans tous les sens, la domination française s'affermirait et l'on serait surpris que ce que l'administration s'efforce d'exécuter par des tours de force, à grands renforts d'employés, d'inspecteurs et de directeurs, est l'affaire la plus simple, se faisant tout naturellement.

Si jamais, mon cher maître, vous croyez devoir vous occuper de théories qui nous ont paru jusqu'à présent si ridicules, je vous signale ces observations. Vous et messieurs de la chambrée pourriez vous en faire honneur, et cela pourra même être utile à la confrérie, mais lorsqu'elle sera nantie ; quant à présent il faut bien tenir ces idées secrètes car elles iraient directement contre notre but.

Après m'être donc assuré que certaines terres avaient déjà ou devaient avoir prochainement de la valeur, grâce aux conseils de mes bénévoles indicateurs, qui pensaient que je serais aussi dupe qu'eux-mêmes et que j'allais employer mon argent à acheter des terres et à les cultiver, j'ai fait des annotations topographiques sur une carte des environs d'Alger, et j'y ai marqué les terres et fermes qui sont à la convenance des confrères.

Ce travail m'a coûté beaucoup: c'est un document précieux qui mérite une large part dans l'association et qui, après nous, pourra être très-utile à ceux qui veulent aussi s'unir aux vues du gouvernement. Je vous communiquerai ce document, mon

cher maître, pour votre édification personnelle ;
vous y remarquerez d'abord que j'ai mis au nombre des terres *chapables* à peu près toutes les propriétés où les colons ont fait d'anciennes cultures.

Voici ce qui m'y a déterminé , et vous jugerez mieux que tout autre si je suis resté dans l'esprit et selon la lettre de l'ordonnance.

Les premiers frais d'établissement ont été et sont encore énormément chers. Vous devez comprendre combien il a été , et combien il est difficile d'attirer d'Alger, où la main-d'œuvre est si chère , des maçons, des manœuvres, des cultivateurs, sur une terre éloignée et nue. Les transports à effectuer sans chemin, les baraques provisoires à construire, les commissionnaires qui vont chercher à Alger les vivres journaliers, mille autres dépenses rendent ces commencements ruineux. Il semble qu'il fallait que les premiers colons fussent des fous pour tenter de pareilles entreprises au milieu des dangers qu'ils avaient à courir de la part des Arabes et dans l'état d'insécurité de la colonisation, que le ministère ne voulait pas alors. Mais voici leurs calculs, que la dernière ordonnance a bien heureusement déjoués. Ils se disaient : dans les circonstances actuelles, la construction de la ferme nous coûte trois fois ce qu'elle coûterait plus tard, mais toutes les terres qui en dépendent acquierrent de la valeur par le fait de notre établissement. Nous payons 30 mille francs une maison que plus tard nous pourrions faire avec huit mille , mais nos deux cents hectares de terre qui ne valent pas plus de dix francs en vaudront cent : et en effet ces maudits spéculateurs ont rencontré juste. Leur prise de possession, leur commencement de travaux ont eu à peu près ce résultat et, de plus, toutes les propriétés voisines ont aussi augmenté de prix, de telle sorte que malgré tous les dégoûts que l'administration a donnés à la culture et tous les empêchements qu'elle lui a suscités, il y a telles fermes dont les terres valent trois cents francs l'hectare , et tel champ, s'il est irrigable, s'il est complanté en orangerie, s'il est cultivé en jardinage, qui vaut jusqu'à cinq mille francs par hectare.

Dans quel abus n'allait-on pas tomber et combien la colonisation gouvernementale devenait-elle difficile, si vous n'aviez coupé court au mal par l'excellente ordonnance ? Il serait arrivé que ces spéculateurs auraient fait la colonisation à eux tout seuls.

Et une fois bien établis, ils se seraient moqués des bureaux. Heureusement que vous avez encore été à tems et vous avez donné à la spéculation une chiquenaude dont elle ne se relèvera pas. Vous avez attéré d'un seul coup cette engeance qui a entraîné la France dans cette mauvaise affaire et qui lui a attaché le boulet algérien. Il était bien juste que les ennemis du ministère de la guerre fussent punis ; comme il est juste aussi que ses créatures soient récompensées.

Sans points de réunion, sans conseils, sans institutions publiques, sans journaux, les colons rongent leur frein et sont réduits à quelques manifestations bien innocentes qui se perdront dans la distance de Paris à Alger. Votre ordonnance les tue. Si l'affaire est bien menée, il ne leur restera d'autre parti à prendre qu'à déguerpir ou à rentrer dans leurs fermes devenues nôtres, comme nos domestiques ou nos gérants.

Aujourd'hui ces terres, dont le prix allait sans cesse s'élevant, ne valent plus rien. Ils évaluaient chaque hectare en moyenne à 150 francs, ce qui ferait pour l'arrondissement d'Alger soumis aux dispositions de l'ordonnance (la quantité des terres étant de 200 mille hectares), une valeur totale de trente millions, sauf la déduction des concessions déjà faites des terres appartenant réellement à l'État, mais sans comprendre aussi les terres hors le territoire civil qui (art. 47), sont déclarées hors du commerce. C'est donc trente millions que vous leur prenez à eux ou aux indigènes, non compris la valeur des constructions et de leurs autres travaux. Aussi leur désolation serait-elle générale, s'ils n'affectaient de se consoler par le mépris. Oui, ils sont assez impertinents pour croire qu'on ne pourra mettre à exécution de pareilles absurdités et qu'aux premiers essais on renoncera à l'opération.

Laissez ces chétifs crier contre vous dans tous les coins de l'Algérie, les uns menaçant ou pleurant ; les autres se moquant et riant. Vous voulez un échantillon de leurs sottes railleries ?

« Après l'ordonnance du 1er octobre on pouvait pleurer, disent les uns, mais après celle du 25 juillet, il faut rire :

> Après l'Agésilas,
> Hélas !
> Mais après l'Attila,
> Holà !

« Il n'y a plus qu'à vous mettre à la porte. Les tyranneaux, par la dernière ordonnance, ont signé leur abdication.

« Vous avez fait peur à l'Algérie avec vos figures de Procuste, mais aujourd'hui on voit que vous n'êtes que des masques contre lesquels il n'y a qu'à crier : *ahou ! ahou !*

« Il s'agit bien de faire des adresses au roi, des mémoires au ministre, des pétitions aux chambres ; c'est au *Charivari* qu'il faut transmettre les pièces de notre procès pour qu'il affuble les grands docteurs d'un bonnet d'âne et les renvoie sur les bancs étudier le Code civil, notamment cet article : « *Les lois n'ont pas d'effet rétroactif*, et les chapitres de la propriété, de la possession et de la prescription. »

D'autres disent que l'on savait bien que vos bureaux renfermaient des sourds, mais que l'on ignorait qu'ils fussent remplis d'aveugles.

Les uns proposent de vous loger aux Quinze-Vingt ; d'autres vous réservent les Petites-Maisons et tous vous envoient au Diable.

On propose de vous interdire pour cause de démence furieuse.

Enfin, cher maître, ce n'est de tous côtés que lazzis, plaintes, accusations, moqueries contre l'administration civile de la guerre, et si je voulais vous écrire tout, il me faudrait épuiser les magasins de Dubos, mon papetier.

Tenez-vous seulement pour bernés, moqués, sifflés autant qu'il est possible de l'être, mais :

Rira bien qui rira le dernier.

Les bonnes gens, qui ne comprennent pas que c'est pour le ministère une affaire d'honneur, que reculer serait s'accuser d'incapacité, que renier les bureaux ce serait se suicider constitutionnellement et qu'enfin l'autorité n'a tort que lorsqu'elle est assez niaise pour l'avouer !

Avez-vous bien remarqué, mon cher maître, tout le bonheur des dispositions des art. 20, 24 et 25 de l'ordonnance? Et, sans avoir visité les lieux, jugez-vous bien les avantages de l'application de cette œuvre de génie ?

Il est d'abord bien établi par les art. 8 et 18, qu'aucun titre n'est valable, qu'ils doivent tous être annulés et déchirés.

Partant de là, tout le monde est exproprié.

Premier point.

Par une exception judicieuse, politique, équitable, ceux qui ont cultivé sont maintenus en possession ; une concession définitive, régulière, leur est faite. Qu'auront à répliquer les colonistes de Paris, les amis de la culture africaine ? ils doivent se tenir pour contents.

Mais, messieurs les colons, vous n'êtes pas satisfaits? nous allons donc discuter vos objections. Vous permettrez d'abord, je pense, à l'administration, au ministre, au roi, soit qu'il règne ou qu'il gouverne, d'établir les conditions de la culture ; il ne s'agit donc pas de cultiver ou d'avoir cultivé, selon votre méthode, mais suivant les prescriptions gouvernementales, politiques, d'utilité générale.

Hé bien, ces prescriptions sont d'avoir fractionné votre ferme par lots de vingt hectares, et d'avoir, sur chaque lot, fait une construction d'une valeur d'au moins 5,000 fr., et planté 30 arbres par hectare. Le peuplement du pays l'exige ; aucun de vous n'a fait cela; aucun de vous, suivant le droit strict, ne possède plus rien.

Second point.

Cependant vous avez affaire à une autorité équitable et miséricordieuse ; vous aurez encore la préférence sur tout autre pour la concession à obtenir des terrains sur lesquels vous aurez commencé des travaux, mais toujours moyennant les conditions exprimées dans l'ordonnance de faire autant de maisons de 5,000 fr. et d'établir autant de familles que votre ex-propriété renfermera de lots de vingt hectares.

« Hélas ! répondent les colons d'un ton dolent, de telles charges sont impossibles à remplir. La culture telle que vous l'entendez est celle qui convient au massif, aux environs des villes, et sur quelques points exceptionnels ; c'est peut-être la plus convenable au peuplement, mais pour peupler une localité, il faut l'établir dans des conditions où les cultivateurs puissent vivre, et selon le mode que vous prescrivez la culture ne peut pas exister dans la plaine, surtout par des ouvriers européens qui, pour venir et vivre ici, ont besoin ou de plus grands salaires qu'en Europe, ou d'une part plus riche dans les produits.

« Laissez-nous sur nos terres chèrement ache-
tées par des rentes payées depuis quinze ans, par des
capitaux sans intérêts depuis ce temps, par mille
dangers courus, par notre carrière brisée, par
notre vie consumée dans une pénible attente.
Nous contribuerons à peupler le pays comme il
est possible qu'il le soit, agricolement parlant.
Nous manquons de bras européens, nous manquons de cultivateurs acclimatés, comment
avons-nous pu, comment pourrons-nous faire
venir, presque immédiatement, cent mille cultivateurs ou ouvriers d'art, pour remplir les conditions que vous nous imposez?

« Ne nous obligez pas, nous, propriétaires bien
légitimes, nous, anciens possesseurs, à des charges
impossibles et cent fois plus lourdes que les conditions faites à ceux à qui vous avez donné des
concessions. Ils ont cinq ans pour exécuter leurs
travaux; ceux qui sont tenus à placer des familles
ont des étendues de plus de quatre cents hectares
pour sept familles, sans être obligés de faire des
constructions ruineuses. Ils ont dû planter des
arbres, mais l'administration leur a fourni gra-
tuitement tous ces jeunes arbres, tandis qu'elle
nous vendait chèrement de simples baguettes. Encore, pendant deux ans, la pépinière du gouvernement a-t-elle pu à peine fournir aux li-
béralités envers les concessionnaires, et n'a-t-
elle rien vendu aux anciens colons? Comment

aurions-nous pu faire toutes les plantations exi-.
gées?

« Les concessionnaires peuvent faire cultiver par
des Arabes ; l'ordonnance nous l'interdit. Si nous
l'avons fait, nos travaux sont perdus. Ayant mis
nos terres en culture, nous ne pouvons plus pré-
tendre au bénéfice de l'art. 26, qui permet d'espé-
rer des exceptions gracieuses en faveur des exploi-
tations ayant pour objet l'élève du bétail ou le
boisement.

« Infortunés cultivateurs, appauvris cette année
par la sécheresse, dévastés l'année dernière par
les sauterelles, ruinés les années précédentes par
la guerre, flagellés aujourd'hui par la verge du
despotisme et la marotte de la folie, il ne nous
reste plus qu'à secouer la poussière de nos pieds
et à quitter cette terre, notre patrie d'adoption,
que vous nous avez rendue maudite. »

Tel est, mon cher maître, le résumé des lamen-
tations de ceux qui ne se drappent pas dans leurs
manteaux de stoïque, ou qui ne font pas les es-
prits forts, ne croyant à rien, pas même à votre
toute-puissance.

Ne vous semble-t-il pas entendre une triste et
ennuyeuse pastorale ?

Tityre, tu patulæ recubans sub tegmine fagi....

Vous comprenez bien, cher maître, que plus ils pleurent plus nous devons nous réjouir, et que plus ils perdent plus nous gagnons.

Moyennant le remboursement de la valeur réelle de leurs constructions, qui la plupart ont été détruites du temps de l'invasion, nous hériterons de toutes leurs peines et de toutes leurs dépenses. Ils ont eu les maux et les dangers. Nous avons la sécurité. Nous obtiendrons les profits.

Ainsi vous aurez atteint un double but, vous vous serez fait des créatures, vous aurez écrasé vos adversaires, car vous ne pouvez en douter, tous les colons sont ennemis de l'administration civile de la guerre. Les concessionnaires eux-mêmes, que vous avez dotés en temps inopportun et qui ont épousé la terre d'Afrique, se rangent contre vous et s'unissent à la cause des colons, qu'ils appellent la cause du pays et des lois.

Vous pensiez peut-être que la fortune de tous les vieux colons, se trouvant entre vos mains en vertu des dispositions de l'ordonnance, ils essaieraient d'en sauver quelques lambeaux en gardant le silence et en flattant les patrons. Les orgueilleux disent qu'ils ne veulent pas vous demander l'aumône. Et que Français, ils en appelleront à la France.

En lisant ces belles déclamations, je crois que vous fredonnez comme moi, l'air de : *va-t-en voir s'ils viennent Jean* ? ou que vous vous rappellez le conte : *ma sœur Anne ne vois-tu rien venir* ?

Mais il faudra bien, en définitive, que ces fiers Spartacus mettent les pouces, et quand ils en viendront à merci, en généreux vainqueurs, je vous engage à les bien traiter.

Il y a parmi ces colons rebelles : MM. Rozey, Milhot de Vernoux, Sagot de Nantilly; comme ils ont du goût pour les belles lettres, je vous engage à leur donner des places d'expéditionnaires dans vos bureaux.

Vous pourriez aussi en réserver une pour un certain Vialar qui s'avise de mettre la main à la plume, mais il écrit trop mal, et comme c'est un gaillard encore assez vigoureux, vous le placerez comme homme de peine dans la maison.

Des emplois semblables pourraient gratifier les nommés : Saint-Guillem, Franlieu, Pinat, Fortin, Chopin, Villeneuve, Caussidoux, Liracque, Reyolles, Borely, Touchebœuf, Lazart, Léoni, Belleroche, Mazerde, Crétat, Delaunay, Raoucet, Lovatelli, Montagüt, Simont, Descrouzilhes, de Wisse, Meskalki, Sabatot, Brémontier, Vachon, Éguille, Nesle, Lelong, Signorais, Uzer, Geautet, Laujoulet et *tutti quanti*. (*)

Il faut être juste après tout, et lorsque vous donnez tous les emplois de l'Algérie aux solliciteurs de Paris, il convient de conserver à Paris des places pour les Algériens.

(*) Le Prote croit se devoir à lui-même et à son imprimerie de protester contre l'ignorance de M. l'auteur, qui a estropié les noms de nos plus honorables colons, ce sont : MM. le vicomte de Saint-Guilhem, le comte et le vicomte de Franclieu, le vicomte de Pina, M. Fortin d'Ivry, M. Choppin, le comte Tristan de Villeneuve, le vicomte et le baron de Lirac, M. Rayoles, M. Borély de la Sapie, le vicomte de Touchebœuf-Clermont, M. Simon, M. Léoni, M. Lazare, M de Belle-Roche, M. Mazère, maire de Dely-Ibrahim ; M. Crétal, M. de Launay, le vicomte Raoul de Raousset-Boulbon, le comte Lovatelli, M. de Montagu, M. William de Montagu, M. Caussidou, M. Descroisilhes, MM. de Wyss, M. Mekalski, M. Sabatault, M. Brémontier, M. de Vachon, le marquis d'Eguilles, M. de Nesle, M. Remy-Long, M. Signoret, MM. d'Uzer et Jeantet, de Bône, M. Laujoulet, d'Oran, etc.

On reconnaît que M. l'auteur, quelque soit son mérite colonisateur, est nouveau dans le pays, sans cela il parlerait en meilleurs termes de messieurs que nous respectons.   (*Note du Prote.*)

Tous ces colons ont des propriétés qui nous conviennent. Ils ont préparé le gâteau dont nous allons nous régaler. Je ne veux pas, comme un mauvais riche qu'ils se retirent sans emporter quelques miettes, et c'est vous, charitable ami , que je charge de leur faire l'aumône

J'ai vu avec grand plaisir que les terres de l'Algérie vendues en France rentraient aussi dans la masse commune par la vertu de l'ordonnance.

Ainsi, vous disposez de la *Régaïa*, haouche immense qui s'est vendu dernièrement 180,000 fr., par acte passé devant un notaire de Paris.

Vous avez aussi la libre disposition de *Baba-Ali* et de *Oulid-Dada*, que la succession Clauzel a vendus, il y a peu de jours, 400,000 fr., par adjudication publique, devant la chambre des notaires de Paris. Que deviendront les 180,000 fr. de l'un, et les 400,000 fr. de l'autre ? Est-ce que cela regarde la chambrée ? Acheteurs et vendeurs, plaidez entre vous et sachez qu'ici la propriété *se donne et ne se vend jamais.*

Je pense que vous ne serez pas fâché de donner ainsi une petite marque de reconnaissance à la mémoire du maréchal Clauzel, qui, le premier, a prôné et facilité la colonisation; cette mauvaise colonisation qu'il faut extirper pour que, par nos mains, vous y implantiez la bonne.

Oui, oui, on leur enverra des institutions, à ces beaux messieurs ! En France, nous en sommes trop jaloux et nous les gardons pour nous. Quand la colonisation sera vôtre, cher maître, et les terres de la colonie aux vôtres, cela sera différent ; alors vous nous donnerez un gouvernement qui gouverne et une administration qui administre ; mais jusque-là il faut à ce pays un gouvernement qui châtie et une administration qui guerroye.

Quand ce temps sera venu, vous songerez aussi aux routes, dont il est bon que vous parliez beaucoup aujourd'hui, mais qu'alors il faudra faire

Je vous préviens que si j'habite l'Algérie je ne veux pas, comme MM. les colons actuels de la plaine, voyager sur des chevaux étiques comme leur maître, au teint bazané, à la mine bedouine et souffrante ; j'entends aller de nos futurs domaines à la capitale en élégant tilbury, en commode landau. Si vous ne faisiez pas les routes pour moi, vous le devriez pour Paméla qui, nous en sommes convenus avec vous, doit passer chaque année trois mois en Afrique avec son mari, pour faire le reste du temps les honneurs de ma maison à Paris.

Vous établirez aussi des droits protecteurs, car vous comprenez combien il serait absurde de vouloir qu'avec des ouvriers qui se payent le double ou le triple qu'en France, la culture fournisse des denrées à moitié prix que chez nous. Alors vous ne voudrez pas que 25 millions sortent chaque année de l'Algérie, et que cet exutoire maintienne le taux de l'argent à 15 et 30 pour 100 pour enrichir l'Egypte et la Russie.

Quant aux haouches des indigènes, ce sera pain béni que de les leur prendre pour nous les donner. Malheureusement presque aucun n'a de constructions, mais il y en a qui sont vraiment dans un bel état de culture. J'ai remarqué entre autres l'haouche Raïs; il y a une grande maison mauresque qui vaut bien 30,000 fr.; quarante paires de labour cultivent cette ferme d'une étendue d'environ 600 hectares ; le reste des terres sert de pâturage à un troupeau de trois cents bœufs et à plus de six cents moutons.

L'haouche Nassef Kroudja, d'environ 400 hectares parfaitement cultivés, appartenant à Ben-Marabet, le plus riche, le seul riche maure d'Alger.

L'haouche Boukondoura avec une maison et des terres complantées comme une campagne du massif.

L'haouche El-Captan, l'haouche El-Kaïd, parfaitement cultivés. Ces fermes appartiennent à un

nommé Mustapha-Bour Kaïb, qui s'est tout-à-fait
francisé; il s'avise d'aller en calèche. Nous le ferons marcher à pied.

Le dernier de ces Haouches est situé dans
un canton du district de Beni-Khelil, où les eaux
abondent ; la terre y est d'une admirable fertilité;
une douzaine de fermes arabes parmi lesquelles
j'ai retenu les noms de Haouche-el-Kaïd, Haouche-el-Kroudja et Haouche-Remilly, forment un
territoire d'environ trois mille hectares admirablement cultivés. C'est là que je voudrais établir
l'un des chefs-lieux de nos possessions.

Enfin, beaucoup d'autres terres avec des orangeries et des prises d'eau, que j'ai marquées sur
ma carte d'une teinte verte , couleur de l'espérance et de la convoitise.

Les bons musulmans , propriétaires de ces fermes, s'étaient mis en mesure de résister à l'ordonnance de 1844, qui les obligeait à remettre leurs
titres et à faire dresser le plan de leurs domaines ;
mais ils n'avaient pas prévu qu'ils seraient obligés, pour les conserver, d'avoir fait construire
une maison de 5,000 fr. et établi une famille européenne par chaque 20 hectares de terres. La
chambrée avait l'humeur bien gaie lorsqu'elle a
inventé cette condition. Elle ne fait pas autant
rire les fils d'Ismaël, ces chiens d'infidèles! puissent

le simoun et l'ordonnance les rejeter par delà le Sahara !

Ne soyez pas préoccupés, vous et nos bons amis, de la difficulté de faire consentir les patrons à accorder à la confrérie tant de morceaux friands. Par notre habile combinaison, vous pouvez d'abord faire des concessions individuelles aux associés qui, suivant nos engagements, les rapporteront à la masse ; s'il est besoin de prête-noms , la famille des Saint-Macaire est presque innombrable ; elle a aussi beaucoup d'alliances. J'ai sous la main vingt petits-cousins et cent s'il le faut.

Quant aux conditions, aux charges apparentes, nous avons bien des facilités, et c'est une face de l'intéressante question que j'ai particulièrement étudiée.

Des charges analogues à celles imposées à l'un des derniers concessionnaires me plaisent beaucoup. Il a eu 400 hectares sous l'obligation d'entretenir un troupeau de quatre cents moutons. Un mouton par hectare ! cela nous va parfaitement. Il y a ici beaucoup plus d'avantage à élever des moutons qu'à placer et à maintenir des cultivateurs.

Nous nous obligerons aussi à greffer tous les arres qui se trouveront dans les prairies et dans les marais. C'est une charge que le ministère a imposée à l'une des principales concessions déjà faites. Il est bien entendu que sur cette concession il n'y avait aucun végétal susceptible d'être greffé.

Vous pourriez nous obtenir quelque beau lot sous l'engagement d'essayer le mûrier semé en plein champ et dont les pousses seraient ensuite fauchées suivant la méthode que l'on dit pratiquée en Chine ; mais ce système est usé. Une des plus importantes concessions des fermes de l'État, a été faite pour l'essai de cette opération , très-praticable avec le soleil de l'Algérie.

Je me suis assuré que nous pouvions nous engager à cultiver bon nombre d'hectares en coton. Il se sème ici en avril. Il faut une terre bien préparée. On sème à la volée et puis on herse. Le coton ne réussit pas mais on a rempli toutes les conditions agronomiques exigibles , et on a son champ prêt à recevoir, au mois de septembre suivant, une semence de pommes de terre, qui sont ici un fort bon produit. Ainsi on ne perd qu'un coup de herse et la graine de coton que fournit le Jardin-d'Essai. On aura en compensation la chance de recevoir une prime, car sans doute dès que les amis seront installés vous établirez des primes. J'aimerais assez des lauriers à feuilles d'or.

Nous promettrons aussi de nous livrer à des cultures de plantes exotiques. Un de mes anciens associés, devenu pépiniériste, est au moment de lever le pied. Il a des plantes d'Amérique et d'Asie que nous aurons pour quelques pistoles. Elles coûtent trop cher à entretenir dans des serres chaudes; nous verrons comment elles se comportent avec le soleil d'Afrique. Si elles ne s'en accommodent pas, tant pis pour elles. Nous aurons l'honneur de l'entreprise, à bon marché s'entend, et le profit de la concession.

Je suis aussi d'avis que l'un de nous s'engage, dans sa soumission, à cultiver le nopal et à élever la cochenille. Des essais ont déjà été faits et cette entreprise pourra être profitable. Il y a ici une victime de son zèle colonial qui a fort endommagé ses affaires pour doter le pays de la cochenille. Le gouvernement l'avait déjà essayée; il avait fait venir un savant qui, pendant cinq ans, n'a pu obtenir qu'une once de produit. L'éducation de cet insecte à dû être abandonnée. Un M. Nivoy est venu ensuite, il avait élevé la cochenille à l'île Bourbon. Il s'est livré de nouveau ici à la culture du nopal et à la multiplication de la cochenille. Après des essais ruineux, il a appris que le nopal ne prospère, en Algérie, que par des arrosements, qu'il doit être serré et entrelacé pour résister aux vents, que les mères-cochenilles doivent être déposées dans de petits

nids faits en feuilles de palmier. Enfin, il a récolté
cette année plus de 20 kilogrammes de cochenille, et il a prouvé qu'un hectare de terre ainsi
employé, peut rapporter par an plus de 10,000 fr.,
produit brut ; mais il a épuisé ses ressources
dans ses essais, et le gouvernement qui avait dé-
pensé plus de vingt mille francs pour obtenir une
once de cochenille, n'a pas donné un sol de prime
ou d'indemnité à celui qui en a récolté mille
fois plus et dont les essais démontrent que l'é-
ducation de la cochenille deviendra une des sources
de richesses pour l'Algérie. Aussi, victime de
sa niaise ardeur, le colon est-il forcé d'abandon-
ner la partie au moment même de recueillir les
fruits de sa persévérance; il nous cédera ses nopals
pour un vil prix, et nous hériterons de l'honneur
de l'entreprise quand elle est devenue profitable.
Voilà l'avantage du savoir faire.

J'oubliais de vous dire qu'un de mes cou-
sins est à la tête d'une ménagerie ambulante; il
jeûne souvent et ses quadrupèdes aussi ; parmi
ceux-ci se trouvent quelques alpagas du Mexique
et un chameau d'Asie à deux bosses. Le cousin
nous céderait ses échantillons de zoologie pour
un millier de francs. La confrérie peut donc
s'engager d'introduire en Algérie les alpagas et
le chameau à deux bosses qui , croisé avec le
dromadaire d'Afrique, donnera une race admi-

rable. Avec un peu de musique, cette idée vaut bien une concession de mille hectares.

Vous savez enfin que plusieurs de nos confrères sont électeurs ; mon mariage avec Paméla m'a rendu moi-même propriétaire, électeur, éligible , etc. ; elle est sœur de lait de Mme Thiers et le chef d'office de M. Guizot est son propre cousin germain : s'il faut des apostilles de députés et de pairs, nous n'en manquerons pas. Je veux que l'implacable Desjobert lui-même appuie nos demandes et que la féroce *Afrique* (appendice de l'*Esprit Public*) s'écrie : hé quoi ! on ne fera rien pour de tels hommes, pour de pareils colonisateurs? Non ! non ! le ministère préfère acheter avec les terres d'Afrique la complaisance des députés ou payer la lâcheté de ses favoris !

Gardez-vous surtout de faire aucune concession aux anciens colons et persévérez dans la loi que vous vous êtes faite à cet égard depuis plusieurs années. Je sais que M. W. de Montagu, l'un d'eux, est allé dernièrement à Paris, espérant de vous faire contrevenir à l'interdiction prononcée contre tous ceux qui ont cultivé en Algérie. Il s'imaginait, le pauvre homme, que parce qu'il a habité la Mitidja pendant dix ans , que le premier il a tenté d'y introduire nos charrues à la Dombasle et nos méthodes perfectionnées , qu'il a exposé cent fois sa vie ; qu'en **1839**, il s'était vaillamment préparé à la résistance contre Abd-el-Kader, en réunissant aux Français de sa ferme, les Arabes des environs, dont il était aimé et respecté ; qu'il n'a quitté ses foyers, devenus pour lui un poste d'honneur, que sur un ordre exprès qui vint le forcer à la retraite à laquelle il ne se soumit que lorque l'autorité militaire lui eut fait enlever ses armes ; il s'imaginait que parce qu'en 1843 il a été le premier à revenir sur sa ferme dévastée, à relever ses ruines, à reprendre la culture encore malgré l'autorité militaire, qui le menaça de le faire ramener à Alger par les gendarmes, parce qu'il travaillait en dehors de la fameuse enceinte continue, il s'imaginait le candide colon, d'avoir des titres, *des droits* à la bienveillance du gouvernement devenu colonisateur : et après avoir été obligé de vendre, faute d'aucune aide de l'administration, la ferme qu'il avait si laborieusement créée et avoir pour recommencer un établissement, aliéné ses propriétés héréditaires, réalisé la dot de sa femme, il est allé vous demander de faire pour lui ce que vous accordez à tous vos recommandés, de lui faire une concession aux mêmes conditions. Il était, je crois, accompagné dans son voyage de sa jeune femme qui a partagé ses labeurs et ses dangers. Mais vous vous êtes montré fidèle aux précédents et à la règle ; ami, plus vertueux encore que galant, vous l'avez éconduit le mieux du monde. Et maintenant qu'il ne peut rien acheter, puisque tout est confisqué et qu'il ne peut rien obtenir par voie de concession, il ne lui reste qu'à méditer, dans le coin d'un département, sur les agréments qui attendent les colons spéculateurs comme lui.

Très-bien ! très-bien ! Quelques exemples comme celui-là et le pays est à nous. Vous l'aurez conquis sur les colons comme d'autres sur Abd-el-Kader et ces chacals à forme humaine repasseront tous la Méditerranée sans qu'il soit besoin de leur en intimer l'ordre.

Mais croyez-le bien, cher maître, il faut exécuter rigoureusement et promptement. Il y va du succès de la confrérie et de notre chambrée. La réflexion de la part des hauts patrons nous serait mortelle. Ce sont vos ennemis qu'il faut écraser et je renferme dans cette catégorie non-seulement les propriétaires des terres concessibles , mais tous les propriétaires, tous les habitants de l'Algérie.

Ceux qui ne sont pas directement sous le coup de l'ordonnance craignent que demain une ordonnance analogue ne les dépouille, que par exemple, après avoir exigé que la plaine et le Sahel éloigné soient contraints à la même culture que le massif rapproché , vous ne vouliez que celui-ci soit cultivé en potager comme le Hamma, ou bien soumis à la culture du coton, de l'indigo, de la canne à sucre , du muscadier, du cannelier ou de tout autre végétal qu'il conviendra à la haute politique.

Ils se demandent si leurs titres seront toujours respectés lorsque d'autres titres analogues sont annulés. Tous, vous le savez assez, se bercent de la douce chimère du droit commun. Ils pleurent tous sur l'entorse que vous avez donné à ce bon droit commun. La propriété urbaine, comme la propriété rurale, sont également en deuil ; elles ont mis leurs crêpes et leurs longues pleureuses. Profitons de la circonstance, on ne criera pas plus fort pour deux calamités que pour une seule et, plus les plaintes seront diverses, plus l'embarras de les apprécier sera grand. Je m'étonne que vous et vos collègues politiques sembliez dans l'inaction et que le patron, après en avoir porté le grand coup, ne réitère pas et fasse le mort.

Il se trouble, il hésite, en un mot il est homme.

Qu'est donc devenu le projet d'ordonnance qui annule tous les titres de propriété qui ne reposent que sur des actes de notoriété publique? Après avoir anéanti ceux de la propriété rurale fondés sur de telles bases, pourquoi tardez-vous à vous montrer conséquents en agissant de même vis-à-vis de la propriété urbaine ? J'ai si souvent entendu dire dans la chambrée que c'était le seul moyen de terminer la question toujours pendante des cimetières , et de se mettre en possession de la plupart des terrains qui entourent les villes et qui ont acquis une si grande valeur ! On s'attend d'ailleurs chaque jour à voir paraître cette mesure si salutaire pour le domaine de l'État. Vous n'êtes guère humains, mes chers maîtres : la peur du mal est cent fois pire que le mal, et vous laissez Messieurs de la spéculation dans les tortures de l'attente.

Vous savez d'ailleurs que nous avons de ce côté quelques petites vues et que les confrères ne vous réservent pas, pour ce chapitre, moins que pour le reste, des preuves de leur reconnaissance.

Ce que je ne saurais trop vous recommander, c'est d'envoyer des instructions précises et réitérées aux membres du conseil du contentieux. Quelque soit leur zèle et leur désir de gagner leurs éperons, la plupart de ces jeunes fonctionnaires sortent de la magistrature et je me méfie furieusement des robes noires et rouges. Vous n'avez pas oublié que j'ai bien des motifs pour leur porter rancune. Oh! si ces personnages guindés, à cheval sur le code, la charte et les coutumes, se mêlaient de nos affaires, où en serions-nous, mon cher maître ? J'entends déjà quelqu'un de leurs doyens dire qu'il y a matière à accusation, qu'il y a lieu de requérir qui de droit. Heureusement qu'à Alger, messieurs de la toge sont amovibles et que vous avez pris vos mesures pour les empêcher de s'ingérer dans les affaires d'état.

On aurait certes bien mieux fait de ne pas implanter ces légistes en Algérie. A quoi bon des légistes dans un pays où il n'y a pas de lois? est-ce pour punir les voleurs? mais grâce à vos sages prescriptions, il n'y a plus de vol possible en Algérie.

Messieurs les spéculateurs ont beau dire , ont beau crier à la spoliation , au vol, le vol n'existe plus aujourd'hui; vous avez détruit la propriété, vous avez par conséquent détruit le vol et les colons cessent d'être volables. A quoi donc servent les juges? ne suffisait-il pas d'une bonne police et de bons gendarmes? mais j'en reviens à messieurs du contentieux : tous ceux que je connais ont des antécédents qui me donnent des motifs de suspicion; ce sont des instruments dont il faut se méfier ; il est indispensable de leur faire bien comprendre qu'ayant la haute mission de terminer une affaire d'état , ils ne doivent pas s'attacher aux communes règles d'un droit étroit. Vous devez aussi leur prescrire disciplinairement de s'abstenir de toute relation avec les colons. Des considérations de personnes, des sentiments les écarteraient de la loi du devoir.

Il me semble aussi que ces messieurs devraient recevoir, de fortes indemnités pour la corvée que vous leur donnez ; vous savez assez qu'il faut payer en argent ce que l'on ôte en honneur.

Il est vraiment incroyable combien tous les employés et fonctionnaires sont disposés à s'unir à tous les soi-disant colons. Au bout de deux ou trois ans de séjour en Afrique, ils perdent toute bonne direction. Ils s'attachent à leur administration, au pays , aux gens qui l'habitent; ils deviennent mauvais serviteurs, et c'est une mesure hautement politique de réserver l'avancement et tous les emplois supérieurs à de nouvelles créatures. Sur ce point on n'a du reste qu'à louer tous les patrons.

Engagez les amis et les camarades de la chambrée à redoubler de calineries envers *le soldat laboureur.*

Puisqu'on ne peut l'engager à prendre du gros poisson en pêchant en eau trouble et qu'il faut subir ce gros inconvénient, prenez-le par son faible. Il a l'amour de la petite patrie. Réservez au Périgord tous les emplois, fonctions et charges de l'Algérie. On ne peut moins faire d'ailleurs pour une contrée qui enrichit nos tables de ses trésors embaumés. Ah ! qu'il me tarde de les savourer avec vous et de les arroser chez Véry, de ce champagne que vous aimez tant. Que de rasades nous sablerons à l'enterrement des colons et au succès de l'Algérie *rediviva* en nos personnes.

Et ce cher champagne,
C'est l'Afrique qui le paiera.

En attendant cet heureux moment, je vous dis adieu sans savoir si pour l'édification des confrères et de plusieurs, je vous écrirai de nouveau ou ne vous écrirai pas après la tournée agronomique et industrielle que je vais faire à Philippeville, Bône et autres lieux.

Embrassez pour moi Paméla.

Votre reconnaissant protégé,

Le chevalier de SAINT-MACAIRE.